MATTHIAS F. MANGOLD

HEISSLUFT-FRITTEUSE

FOTOGRAFIE: KLAUS ARRAS, SILVIO KNEZEVIC

INHALT

Öffnen Sie die Klappen dieses Buches.
Dort finden Sie die wichtigsten Infos zum Thema auf einen Blick!

DAS PRINZIP:
HEISSLUFT-
FRITTEUSE

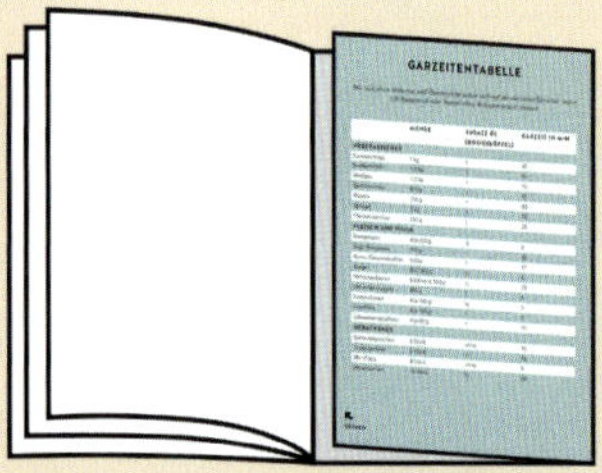

GARZEITEN-
TABELLE

Immer griffbereit:

SO GEHT'S:
GAREN IM
GARBEHÄLTER

Immer griffbereit:

SO GEHT'S:
GAREN AUF
ZWEI ETAGEN

GU CLOU

Wussten Sie schon, dass …?
Entdecken Sie bei einigen ausgewählten Rezepten ganz besondere Tipps mit verblüffendem Insiderwissen. Aha-Momente garantiert!

Mit diesem Symbol sind alle vegetarischen Gerichte gekennzeichnet.

Die Backzeiten können je nach Herd variieren. Unsere Temperaturangaben beziehen sich auf das Backen im Elektroherd mit Ober- und Unterhitze.

Sammeln Ihrer Lieblingsrezepte mit der »GU Kochen Plus«-App (siehe S. 64)

REZEPTKAPITEL

06
SNACKS UND VORSPEISEN

18
HAUPTGERICHTE

34
2 IN 1

50
SÜSSES

04 DER AUTOR
05 BASIC-REZEPT: WIENER SCHNITZEL
40 COVERREZEPT
60 REGISTER, ABKÜRZUNGSVERZEICHNIS
62 IMPRESSUM, LESERSERVICE, GARANTIE

MATTHIAS F. MANGOLD

Der Kochbuchautor, Foodjournalist und engagierte Betreiber einer Kochschule experimentiert gerne mit neuen Kochtechniken und Geräten. Das Arbeiten mit der Heißluft-Fritteuse war auch für ihn überraschend – und die vielfältigen Variationsmöglichkeiten verblüfften unseren Autor doch sehr.

Was war Dein erster Gedanke?

Ganz klar: Brauche ich so ein Ding überhaupt? Ich bin bislang ja immer gut gefahren mit Herd, Backofen, Topf und Pfanne. Also Skepsis war schon da. Doch dann habe ich die ersten Sachen ausprobiert und war ziemlich baff, wie gut das funktionierte.

Womit kamen die besten Ergebnisse?

Natürlich ist die Kernkompetenz einer Heißluftfritteuse alles, was mit Kartoffeln oder panierten Lebensmitteln zu tun hat: Pommes, Fischstäbchen, Schnitzelchen usw. Aber das Gerät darauf zu reduzieren, wäre unsinnig, denn über das Prinzip Heißluft stehen einem ja unendlich viele Möglichkeiten offen. Ich kann Dinge miteinander kombinieren, die mir sonst viel Platz auf dem Herd wegnehmen. Es ist dabei durchaus ratsam, in Bezug auf die Garzeiten öfter mal zu kontrollieren, wie weit das jeweilige Gericht ist. Nachgaren geht immer.

Für wen lohnt sich die Anschaffung?

Eigentlich kann wirklich jeder davon profitieren – am meisten aber sicherlich die Menschen, die beim Kochen so wenig wie nur unbedingt nötig selbst machen wollen. Die Heißluft-Fritteuse bietet hier eine prima Unterstützung: Das Gerät übernimmt das Rühren, das Garen, das Timing. Man muss in den meisten Fällen nur für die Zutaten sorgen. Und wer erst einmal Spaß am Arbeiten mit der Heißluft-Fritteuse gefunden hat, probiert Neues aus. Denn das Schönste daran ist: Hat man erst einmal das Prinzip kapiert, sind der Kreativität kaum Grenzen gesetzt.

BASIC-REZEPT
WIENER SCHNITZEL

2 EL Mehl mit

Salz und Pfeffer würzen

4 kleine Kalbsschnitzel (à 80 g)
darin wenden.

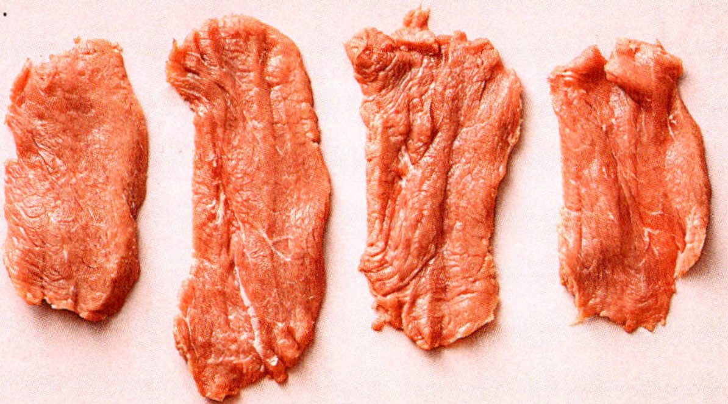

2 Eier verquirlen,
Schnitzel darin wenden,
danach mit

3 EL Semmelbröseln panieren.

1 EL Butterschmalz
in den Garbehälter geben.

Timer auf 12 Min. stellen. Butterschmalz 1 Min. schmelzen lassen, dann die Schnitzel zugeben, nach 6 Min. wenden.

SNACKS UND VORSPEISEN

08 POMMES FRITES MIT KETCHUP

11 FETA-BLÄTTERTEIG-TASCHEN

12 FRÜHLINGSROLLEN

13 WAN TANS MIT HACKFLEISCH

15 SARDINENBÄLLCHEN

16 KRÄUTER-FRITTATA

17 HÄHNCHENNUGGETS SÜSSSAUER

Für 4 Personen • 15 Min. Zubereitung (Ketchup) • 30 + 45 Min. Kochen (Ketchup) • 15 Min. Zubereitung (Pommes) • 45 Min. Garen (Pommes) • Pro Portion ca. 385 kcal, 9 g E, 4 g F, 76 g KH

POMMES FRITES MIT KETCHUP

KLASSIKER

FÜR CA. 1 L KETCHUP:

2 kg vollreife Tomaten
2 rote Peperoni
1 mittelgroße Zwiebel
2 Knoblauchzehen
125 g Zucker
150 ml Weißweinessig
½ TL edelsüßes Paprikapulver
Salz

FÜR DIE POMMES:

1 kg festkochende Kartoffeln
Salz
1 Dosierlöffel Öl (z. B. Sonnenblumen-, Erdnuss-, Rapsöl)

KETCHUP: Die Tomaten waschen, von den Stielansätzen befreien und würfeln. Die Tomatenstücke in einen Topf geben. Die Peperoni waschen und klein hacken, zuvor evtl. die Trennwände und Kerne entfernen (weniger scharf).

Die Zwiebel und den Knoblauch schälen, fein hacken. Beides mit den Peperoni zu den Tomaten in den Topf geben. Nun alles unter Rühren zum Kochen bringen und bei kleiner Hitze und gelegentlichem Rühren ca. 30 Min. köcheln lassen.

Die Masse durch ein Sieb streichen und wieder zurück in den Topf geben. Mit Zucker, Weißweinessig, Paprikapulver und Salz vermischen und offen über die nächsten 45 Min. eindicken lassen. Am Ende abschmecken und noch heiß in vorbereitete Gläser mit Schraubverschluss oder Flaschen füllen.

POMMES: Die Kartoffeln schälen, dann zunächst in ca. 1 cm dicke Scheiben und diese in ungefähr 7–9 cm lange Stifte schneiden. Die Kartoffelstifte in kaltem Wasser waschen und mit Küchenpapier gründlich trocken tupfen.

Die Kartoffelstifte in den Garbehälter füllen, salzen und mit dem Öl beträufeln. Den Deckel schließen und den Timer auf 45 Min. einstellen. Gerät starten. Bei Bedarf die Garzeit verlängern, damit die Pommes knackiger werden. Pommes mit Ketchup servieren. Übriges Ketchup einfach im Kühlschrank aufbewahren, hält sich etwa 6 Monate.

GU CLOU

Durch das Waschen der Kartoffelstifte wird Stärke aus den Kartoffeln herausgespült. Trocknet man sie zudem noch gut ab, bewirkt dies in der Kombination, dass die Pommes letztlich deutlich knackiger und krosser aus der Fritteuse kommen.

Für 6 Stück • 20 Min. Zubereitung • 10 Min. Garen • Pro Stück ca. 285 kcal, 8 g E, 21 g F, 15 g KH

FETA-BLÄTTERTEIG-TASCHEN

SCHNELL GEMACHT

200 g Schafskäse (Feta)
1 kleines Bund Basilikum
1 kleine grüne Peperoni
2 EL Olivenöl
Pfeffer, Salz
1 Rolle frischer Blätterteig (275 g, aus dem Kühlregal)

1 Den Feta fein würfeln. Das Basilikum waschen, trocken schütteln. Die Blätter abzupfen und klein schneiden. Die Peperoni der Länge nach aufschneiden und Trennwände sowie Kerne entfernen. Die Hälften waschen und klein hacken. Feta, Basilikum und Peperoni mit dem Olivenöl vermischen, salzen und pfeffern. Etwa 10 Min. durchziehen lassen.

2 Den Blätterteig mit dem Innenpapier quer auf das Arbeitsbrett legen. Von oben nach unten in zwei gleich große Hälften schneiden. Auf einer Hälfte mit einem Löffel sechs Kleckse der Fetamasse platzieren. Dabei darauf achten, dass nicht zu viel Öl verläuft, sonst klebt der Teig später nicht gut zusammen.

3 Nun die andere Teigplatte deckungsgleich auf die untere Platte mit den Klecksen legen, den Teig gut andrücken. Mit einem Glas vorsichtig Teigkreise um die Füllung herum ausstechen. Die Taschen auf die Grillplatte legen, auf dem Rührarm in die Heißluft-Fritteuse einsetzen. Den Deckel schließen, den Timer auf 10 Min. einstellen und das Gerät starten.

Für 6 Stück • 15 Min. Zubereitung • 15 Min. Garen • Pro Stück ca. 120 kcal, 5 g E, 5 g F, 14 g KH

FRÜHLINGSROLLEN

ASIA-SNACK

100 g Möhren
100 g rote Paprika
3 Stängel Koriandergrün
1 Römersalatherz
100 g TK-Erbsen (aufgetaut)
2 TL Sesamöl
1 EL Sojasauce
Pfeffer
12 Blätter Frühlingsrollenteig (Asialaden)
2 Eier

1 Die Möhren putzen, schälen und in sehr feine Streifen schneiden. Die Paprika halbieren, Trennwände und Kerne entfernen. Die Hälften waschen, fein würfeln. Das Koriandergrün waschen, trocken schütteln und klein schneiden. Den Salat waschen, trocken schleudern und in feine Streifen schneiden. Gemüse, aufgetaute Erbsen, Salat und Koriander in einer Schüssel mit der Hälfte des Öls mischen. Mit Sojasauce und Pfeffer würzen und etwas durchziehen lassen.

2 Die Eier in einer Tasse verquirlen. Ein Teigblatt auf das Arbeitsbrett legen, mit Ei bepinseln und ein zweites Blatt daraufsetzen. Mit der Gemüsemischung belegen und einrollen, dabei die Enden nach innen schlagen. Mit den restlichen Teigblättern ebenso verfahren.

3 Die Grillplatte der Heißluft-Fritteuse auf den Rührarm setzen, mit dem restlichen Öl bestreichen und die Rollen darauf legen. Den Deckel schließen, den Timer auf 15 Min. einstellen, Gerät starten.

Für 20 Stück • 30 Min. Einweichen • 30 Min. Zubereitung • 15 Min. Garen • Pro Stück ca. 60 kcal, 3 g E, 3 g F, 5 g KH

WAN TANS MIT HACKFLEISCH

AUS THAILAND

20 Wan Tan-Teigblätter (ca. 10 x 10 cm; tiefgekühlt, Asialaden)
2 EL getrocknete Steinpilze
250 g Schweinehackfleisch
1 Eigelb
½ TL Speisestärke
½ TL Sojasauce
1 TL neutrales Öl
1 TL Austernsauce
1 TL Zucker
Pfeffer
evtl. Schnittlauch zum Dekorieren

1 Die Wan-Tan-Teigblätter auftauen. Die Steinpilze für ca. 30 Min. in warmem Wasser einweichen und quellen lassen. Danach die Pilze vorsichtig aus dem Wasser heben, gut ausdrücken und in kleine Stücke hacken. Das Pilzwasser beiseitestellen.

2 Das Hackfleisch in einer Schüssel mit Pilzen und Eigelb vermischen, dann Stärke, Sojasauce, Öl, Austernsauce, Zucker, Pfeffer und 1 EL Pilzwasser zugeben und alles mit den Händen sorgsam durchkneten. So nimmt das Hackfleisch die Aromen am besten auf.

3 Die Teigblätter nacheinander in eine Hand legen, 1 TL Füllung in die Mitte geben und den überstehenden Teig oben zudrehen. Die Wan Tans auf die Grillplatte der Heißluft-Fritteuse verteilen, Platte auf dem Rührarm platzieren und den Timer auf 15 Min. einstellen. Das Gerät starten. Für eine schöne Optik evtl. mit Schnittlauch zubinden, mit Chilisauce servieren.

Für 20 Stück • 24 Std. Wässern • 20 Min. Zubereitung • 20 Min. Garen • Pro Stück ca. 80 kcal, 4 g E, 5 g F, 4 g KH

SARDINENBÄLLCHEN

WÜRZIG

FÜR DIE SARDINEN-BÄLLCHEN:

300 g Sardinenfilets (in Salzlake eingelegt, aus dem Kühlregal)
2 Knoblauchzehen
3 Sardellenfilets
1 kleines Bund Petersilie
70 g Semmelbrösel
1 EL Pecorino, gerieben (ersatzweise Parmesan)
1 Ei
Pfeffer
1 Bio-Zitrone
2 Dosierlöffel Olivenöl

FÜR DIE TOMATENSALSA:

500 g Tomaten
1 Schalotte
1 Knoblauchzehe
1 kleine rote Chilischote
5 getrocknete Tomaten (in Öl eingelegt)
Salz, Pfeffer
1 EL Essig
3 EL Olivenöl

SARDINENBÄLLCHEN: Die Sardinenfilets in eine Schüssel mit Deckel legen, mit kaltem Wasser bedecken und zugedeckt etwa 24 Std. in den Kühlschrank stellen, dabei das Wasser mehrfach erneuern. Das Wässern nimmt den Filets den salzigen Geschmack der Lake.

Den Knoblauch schälen, Sardellenfilets kurz abspülen, beides hacken. Die Petersilie waschen, trocken schütteln. Die Blättchen abzupfen und klein schneiden. Die Sardinen aus dem Wasser nehmen, trocken tupfen und fein hacken. Mit den Knoblauch-Sardellen in eine Schüssel geben und mit Petersilie, etwas von den Bröseln, Käse und Ei sowie Pfeffer vermischen. Die Zitrone heiß waschen, die Schale mit dem Zestenreißer dünn ablösen und untermischen. Die Masse sollte sich leicht trocken anfühlen und nicht mehr an den Händen kleben.

Aus dem Teig mit den Händen kleine Bällchen formen. Diese in den restlichen Semmelbröseln wälzen und in den Gittereinsatz oder auf die Grillplatte setzen. Mit dem Olivenöl beträufeln. Deckel schließen und den Timer auf 20 Min. einstellen. Gerät starten. Inzwischen die Tomatensalsa zubereiten.

TOMATENSALSA: Die Tomaten waschen, vierteln, entkernen und würfeln. Die Schalotte und den Knoblauch abziehen, die Chilischote waschen und entkernen. Zusammen mit den getrockneten Tomaten ebenfalls würfeln. Zutaten vermischen und mit Salz, Pfeffer, Essig und Öl abschmecken.

Für 6 Personen • 30 Min. Zubereitung • 15 Min. Garen • Pro Portion ca. 320 kcal, 20 g E, 22 g F, 11 g KH

KRÄUTER-FRITTATA

FRÜHLINGS-REZEPT

1 großes Bund gemischte Kräuter (ca. 300 g)
1 Bund Frühlingszwiebeln
1 Dosierlöffel Olivenöl
1 TL gemahlene Kurkuma
8 Eier
2 EL Mehl
2 EL Joghurt (10 % Fett)
3 TL Backpulver
Salz, Pfeffer
3 EL Walnusskerne

1 Kräuter waschen, trocken schütteln und klein schneiden. Dabei zarte Stängel mitverwenden, grobe entfernen. Frühlingszwiebeln putzen, waschen und in feine Ringe schneiden.

2 Kräuter, Frühlingszwiebeln, Olivenöl und Kurkuma in den Garbehälter mit eingesetztem Rührarm geben. Deckel schließen und den Timer auf 5 Min. einstellen. Gerät starten. Den Deckel öffnen und das Gargut in eine Schüssel umfüllen. Den Garbehälter kurz ausspülen, danach wieder ohne Rührarm einsetzen.

3 Eier, Mehl, Joghurt und Backpulver in einer Schüssel glatt verrühren, mit Salz und Pfeffer abschmecken. Die Kräutermischung nach und nach unter die Eimasse rühren. Die Walnüsse hacken und ebenfalls unterziehen. Die gesamte Masse in den Garbehälter ohne Rührarm einfüllen. Den Deckel schließen und den Timer auf 15 Min. einstellen, das Gerät starten. Die Frittata soll gut gestockt sein.

Für 4 Personen • 20 Min. Zubereitung • 8 Min. Garen (Nuggets) •
Pro Portion ca. 365 kcal, 23 g E, 3 g F, 60 g KH

HÄHNCHENNUGGETS SÜSSSAUER

EINFACH

100 g Ananasfruchtfleisch
100 ml Weißweinessig
100 g Zucker
3 TL Ketchup
250 ml Hühnerbrühe
1 TL Maisstärke
1 Prise Chilipulver, nach Belieben
2 Hähnchenbrustfilets (etwa 450 g)
4 EL Mehl
1 Ei
4 EL grobe Semmelbrösel
½ Dosierlöffel Öl

1 Für die süßsaure Sauce zunächst die Ananas würfeln. Mit Essig, Zucker, Ketchup, Brühe und Maisstärke in einen Topf geben und unter Rühren zum Kochen bringen. Bei mittlerer Hitze ca. 10 Min. einkochen, bis die Sauce leicht dicklich wird. Am Ende die Sauce pürieren. Wer es schärfer mag, mischt noch etwas Chili darunter.

2 Die Brustfilets in Würfel schneiden und diese zunächst durch Mehl, dann durch verquirltes Ei und schließlich durch die Semmelbrösel ziehen, bis sie von allen Seiten gut paniert sind. Die Grillplatte einölen, Nuggets darauf verteilen und die Grillplatte auf den Rührarm der Heißluft-Fritteuse setzen. Deckel schließen und Timer auf 8 Min. einstellen. Gerät starten. Je nach gewünschtem Bräunungsgrad kann nachgegart werden.

HAUPTGERICHTE

20 GEMÜSE-KARTOFFEL-STRUDEL

23 HACKFLEISCH-AUFLAUF »BOBOTIE«

24 MINI-PIZZA MARGHERITA

26 HASSELBACK-KARTOFFELN

27 KALBSGYROS

29 TOMATENRISOTTO MIT SPARGEL

30 RAGÙ BOLOGNESE

31 LAMM TIKKA MASALA

32 REISPFANNE

32 ONE-POT-PASTA

33 ZUCCHINIGEMÜSE

33 ZWEIERLEI SPARGEL

Für 4 Personen • 45 Min. Zubereitung • 20 Min. Garen (Strudel) • Pro Portion ca. 340 kcal, 13 g E, 11 g F, 46 g KH

GEMÜSE-KARTOFFEL-STRUDEL

HERBST-REZEPT

250 g mehligkochende Kartoffeln
Salz
70 g Brokkoli
100 g Hokkaido-Kürbis (geputzt gewogen)
50 g TK-Erbsen
1 TL getrockneter Thymian
125 g Frischkäse
1 Ei
Pfeffer
1 EL Butter
1 Pck. Strudelteig (250 g; aus dem Kühlregal)

GUT ZU WISSEN
Bei allen Gerichten mit Teig sollten Sie die Garzeit besser erst etwas niedriger wählen und nur bei Bedarf entsprechend verlängern.

1 Die Kartoffeln waschen und in ca. 25 Min. in Salzwasser weich kochen. In der Zwischenzeit den Brokkoli waschen und putzen. Brokkoli und Kürbis in kleine Stücke von maximal 2 cm schneiden. Die Kartoffeln abgießen und ausdampfen lassen.

2 Kürbis und Brokkoli getrennt voneinander in kochendem Salzwasser garen, bis sie noch eben bissfest sind, dann unter kaltem Wasser abschrecken. Die Erbsen ebenfalls in kochendem Wasser kurz tauen lassen. Den Thymian hacken.

3 Die Kartoffeln pellen und durch eine Kartoffelpresse geben. Die Masse mit Frischkäse, Ei, Thymian, Salz und Pfeffer mischen, dann das Gemüse unterheben. Unterdessen die Butter in einem kleinen Topf schmelzen lassen.

4 Zwei Teigblätter auf das Arbeitsbrett legen. Die Hälfte der Gemüse-Kartoffel-Masse nicht ganz in voller Länge der Blätter als Streifen auftragen. Die Teigblätter vorsichtig (damit sie nicht reißen), aber doch fest einrollen, dabei die Enden nach innen schlagen. Mit flüssiger Butter bestreichen. Mit den übrigen Strudelblättern und der restlichen Masse ebenso verfahren.

5 Die Strudel in den Garbehälter legen, Timer auf 20 Min. einstellen. Gerät starten. Am Ende den Strudel in Scheiben schneiden und servieren. Dazu passt Feldsalat mit Orangen.

Für 4 Personen • 1 Std. Zubereitung • Pro Portion ca. 860 kcal, 69 g E, 47 g F, 38 g KH

HACKFLEISCH-AUFLAUF »BOBOTIE«

AUS SÜDAFRIKA

3 Scheiben Weißbrot vom Vortag
2 Zwiebeln
2 Knoblauchzehen
1 Dosierlöffel Öl (z. B. Erdnussöl)
1 kg Rinderhackfleisch
1 TL Garam Masala (Gewürzmischung; aus dem Asialaden)
4 Eier
3 EL Rosinen
4 EL Aprikosenchutney (ersatzweise Mangochutney)
Salz
300 ml Milch
frische Kräuter, nach Belieben

1 Das Brot in reichlich warmem Wasser einweichen. Die Zwiebeln und den Knoblauch schälen und fein hacken. Das Öl in den Garbehälter mit eingesetztem Rührarm geben, Zwiebeln und Knoblauch hinzufügen. Den Deckel schließen und den Timer auf 3 Min. einstellen. Gerät starten.

2 Nach 3 Min. das Hackfleisch dazugeben. Deckel schließen und den Timer auf 5 Min. einstellen. Das Hackfleisch krümelig anbraten, bei Bedarf mehr Zeit geben. Inzwischen das Weißbrot ausdrücken, zerpflücken und mit Garam Masala, 2 verquirlten Eiern, Rosinen, Aprikosenchutney und Salz hinzufügen. Deckel schließen und den Timer erneut auf 5 Min. einstellen.

3 Im Anschluss den Rührarm entfernen. Die Hackfleischmasse mit einem Teigschaber schön glatt streichen, den Deckel schließen und den Timer auf diesmal 15 Min. einstellen.

4 Die Milch mit den restlichen Eiern verquirlen und auf das gestockte Hackfleisch gießen. Den Deckel schließen und den Timer auf 20 Min. einstellen. Fertigen Auflauf nach Belieben mit frischen Kräutern bestreuen, z. B. Zitronen Thymian.

Für 1 Person • 25 Min. Zubereitung • 1 Std. Gehzeit • 9 Min. Garen •
Pro Portion ca. 865 kcal, 43 g E, 41 g F, 80 g KH

MINI-PIZZA MARGHERITA

AUCH ALS SNACK FÜR 4

100 g Mehl
Salz
10 g frische Hefe
1 Prise Zucker
1 EL Olivenöl
1 Knoblauchzehe
80 ml passierte Tomaten
Pfeffer
150 g Mozzarella
16 Blättchen Basilikum

GUT ZU WISSEN
Verwenden Sie statt des haushaltsüblichen »405«-Standardmehls die italienische Type »00«. Der Teig wird so geschmeidiger und geht auch deutlich besser auf, weil diese Mehlsorte mehr Klebereiweiß enthält.

1 Das Mehl in eine Rührschüssel sieben und mit ½ TL Salz bestreuen. In die Mitte eine Mulde drücken. Die Hefe hineinbröckeln und 1 Prise Zucker darüberstreuen. Das Öl mit etwa 40 ml Wasser hinzufügen und alles mit den Händen kräftig und ausdauernd durchkneten. Bei Bedarf etwas mehr Wasser zugeben. Der Teig muss am Ende locker von den Händen gehen und sollte nicht mehr an den Fingern kleben.

2 Den Pizzateig zu einer Kugel formen und an einem warmen Ort zugedeckt ca. 1 Std. gehen lassen. Das Teigvolumen sollte sich in dieser Zeit in etwa verdoppelt haben.

3 Die Knoblauchzehe schälen und fein hacken. Zu den passierten Tomaten geben, gut durchrühren und mit Salz und Pfeffer würzen. Den Mozzarella in dünne Scheiben schneiden.

4 Den Teig in vier Teile schneiden und jeweils mit einem Nudelholz und etwas Mehl dünn ausrollen. Die Pizzas müssen dabei nicht rund sein, vielmehr macht es Sinn, sie in der Form dem Garbehälter anzupassen, also leicht länglich. Jeden Teil mit etwas Tomatensauce bestreichen und mit Mozzarellascheiben belegen.

5 Die Pizzas in den Garbehälter der Heißluft-Fritteuse geben, den Deckel schließen und den Timer auf 9 Min. einstellen. Gerät starten. Die Pizzas mit Basilikumblättchen servieren.

Für 4 Personen • 15 Min. Zubereitung • 50 Min. Garen • Pro Portion ca. 305 kcal, 9 g E, 19 F, 24 g KH

HASSELBACK-KARTOFFELN

AUS SCHWEDEN

8 mittelgroße, festkochende Kartoffeln
60 g Parmesan, gerieben
50 g Butter
2 Dosierlöffel Olivenöl

1 Die Kartoffeln unter fließendem Wasser gut säubern, wenn nötig mit der Bürste. Geschält werden sie nicht – es sieht so besser aus und bringt mehr Geschmack. Die Kartoffeln der Länge nach an einer Seite anschneiden, damit sie einen festeren Stand haben.

2 Nun die Kartoffeln mit einem Messer mit nicht zu dicker Klinge quer von oben in Spalten anschneiden, sodass sie schön auffächern, aber nicht durchgeschnitten sind. In die Spalten abwechselnd etwas Butter und geriebenen Parmesan geben.

3 Die Kartoffeln in den Garbehälter legen, mit Olivenöl beträufeln. Deckel schließen und Timer auf 50 Min. einstellen. Gerät starten.

4 Dazu passt ein bunt gemischter Salat. Wer mag, kann die fertigen Kartoffeln noch mit frischem Parmesan und etwas Salz bestreuen.

Für 4 Personen • 10 Min. Zubereitung • 30 Min. Marinieren • 17 Min. Garen • Pro Portion ca. 220 kcal, 27 g E, 11 g F, 4 g KH

KALBSGYROS

GRIECHISCH

1 Dosierlöffel neutrales Öl
1 EL Gyrosgewürz
500 g Kalbsgeschnetzeltes
1 Zwiebel
50 ml Sahne
1 EL Crème fraîche

1 Das Öl mit dem Gyrosgewürz mischen und mit den Händen unter das Fleisch verteilen. (Wer mag, kann übrigens aus jeweils 1 EL getrocknetem Rosmarin, Thymian und Oregano sowie je 1 TL Knoblauchpulver, Paprikapulver, gemahlenem Kreuzkümmel und Salz seine eigene Gewürzmischung zaubern bzw. mörsern.)

2 Die Zwiebel schälen, halbieren, in Halbringe schneiden und unter das Fleisch mengen. Das Fleisch abgedeckt 30 Min. marinieren.

3 Das Fleisch in den Garbehälter mit eingesetztem Rührarm geben, Deckel schließen und Timer auf 15 Min. einstellen. Gerät starten.

4 Deckel öffnen, Sahne und Crème fraîche dazugeben und weitere 2 Min. garen. Dazu passt Reis und ein Gurkensalat.

Für 4 Personen • 45 Min. Zubereitung • Pro Portion ca. 355 kcal, 11 g E, 9 g F, 54 g KH

TOMATENRISOTTO MIT SPARGEL

FRÜHLINGS-REZEPT

2 Schalotten
2 Knoblauchzehen
1 Dosierlöffel Olivenöl
250 g Risotto-Reis
1,2 l Gemüsebrühe
80 g getrocknete Tomaten (in Öl)
200 g vollreife Kirschtomaten
250 g grüner Spargel
50 g Parmesan, gerieben
Pfeffer

GU **CLOU**

Der Clou ist, dass der Risotto schön cremig wird, ohne dass man selbst rühren muss. Es ist dennoch wichtig, ab und an zu kontrollieren, ob sich noch genügend Flüssigkeit im Garbehälter befindet. Darum für den Fall der Fälle immer etwas heiße Brühe zum Nachgießen in Reserve haben.

1 Die Schalotten und den Knoblauch jeweils schälen und fein hacken. Das Öl in den Garbehälter mit eingesetztem Rührarm geben. Schalotten hinzufügen, den Deckel schließen und die Heißluft-Fritteuse für 2 Min. laufen lassen. Nun den Knoblauch und den Reis zugeben und 1 weitere Min. garen. Die Brühe einfüllen, den Deckel schließen und den Timer auf 35 Min. einstellen. Gerät starten.

2 Inzwischen die getrockneten Tomaten hacken. Die Kirschtomaten, je nach Größe und Wunsch, halbieren oder vierteln. Spargel waschen, falls nötig das untere Drittel schälen und die Stangen diagonal in ca. 3 cm lange Stücke schneiden.

3 Nach etwa 15 Min. Garzeit die getrockneten Tomaten zum Risotto-Reis geben, nach weiteren 5 Min. den Spargel. Die frischen Tomaten, der geriebene Käse und der Pfeffer kommen erst ungefähr 1 Min. vor dem Ende der Garzeit mit hinzu.

4 Das Würzen mit Salz kann man sich meist sparen, weil der Parmesan wie auch die Brühe in aller Regel salzig sind. Der Risotto ist so richtig lecker, wenn die Reiskörner noch einen leichten Biss haben und nicht komplett weichgekocht sind. Dank Spargel und Tomaten ist gut Farbe im Spiel, was man bei Bedarf mit klein gehackten Kräutern zusätzlich erweitern kann.

Für 6 Personen • 45 Min. Zubereitung • Pro Portion ca. 375 kcal, 30 g E, 27 g F, 3 g KH

RAGÙ BOLOGNESE

KLASSIKER

100 g Speck
1 Bund Suppengrün
1 Zwiebel
1 Dosierlöffel neutrales Öl
250 g Schweinehackfleisch
500 g Rinderhackfleisch
2 EL Tomatenmark
100 ml Milch
Salz, Pfeffer

1 Den Speck bei Bedarf entschwarten und klein würfeln. Das Suppengrün waschen, putzen und in kleine Würfel schneiden. Die Zwiebel schälen und fein würfeln.

2 Speckwürfel, das zerkleinerte Suppengrün und die Zwiebeln in den Garbehälter mit eingesetztem Rührarm geben. Das Öl darüber träufeln, Deckel schließen und für 2 Min. garen. Deckel öffnen und Hackfleisch zugeben. Deckel schließen und weitere 5 Min garen.

3 Den Deckel öffnen und das Tomatenmark, 50 ml Wasser und die Milch angießen. Salzen, pfeffern und den Deckel wieder schließen. Den Timer auf 30 Min. einstellen. Wird das Ragù zu trocken, dann einfach etwas Milch nachgießen. Am Ende der Garzeit mit Salz und Pfeffer abschmecken. Dazu passen am besten Tagliatelle.

*Für 6 Personen • 10 Min. Zubereitung • 8 Std. Marinieren • 30 Min. Garen •
Pro Portion ca. 600 kcal, 43 g E, 43 g F, 11 g KH*

LAMM TIKKA MASALA

AUS INDIEN

1,3 kg Lammfleisch aus der Keule (ohne Knochen)
130 g Tikka Masala (Currypaste im Glas; Asialaden)
300 g Joghurt (3,8 %)
1 Zwiebel
1 Dosierlöffel neutrales Öl
1 Dose stückige Tomaten (400 g)
Saft von 1 Zitrone
Salz, Pfeffer
3 Stängel Koriandergrün

1 Das Lammfleisch mit einem scharfen Messer in ca. 2 cm große Würfel schneiden, Fett und Sehnen dabei entfernen. Currypaste, die Hälfte des Joghurts und Fleisch in einer Schüssel vermischen. Abgedeckt ca. 8 Std. im Kühlschrank marinieren.

2 Die Zwiebel schälen und würfeln. Das Öl in den Garbehälter mit eingesetztem Rührarm geben und für 1 Min. erhitzen. Die Zwiebel 3 Min. anbraten, dann das Fleisch mit der Marinade dazugeben, den Deckel schließen und den Timer auf 25 Min. einstellen.

3 Nach 10 Min. Tomaten und etwa 100 ml Wasser zum Fleisch hinzufügen, nach weiteren 10 Min. den restlichen Joghurt und den Zitronensaft. Koriander waschen, trocken schütteln und grob hacken. Am Ende der Garzeit das Gericht mit Salz und Pfeffer abschmecken und mit Koriander bestreuen. Dazu passt Basmatireis.

Für 4 Personen • 35 Min. Zubereitung •
Pro Portion ca. 560 kcal, 35 g E, 8 g F, 87 g KH

REISPFANNE

AUS THAILAND

400 g Hähnchenbrustfilet • 1 EL Speisestärke • 4 EL Sojasauce • 2 Dosierlöffel neutrales Öl • 1 rote Zwiebel • 2 Knoblauchzehen • 1 rote Paprika • 200 g Brokkoli • 400 g gekochter Basmatireis • 1 EL Austernsauce • Pfeffer

1 Die Hähnchenbrustfilets in kleine Würfel schneiden. Speisestärke und 2 EL Sojasauce vermischen und mit dem Fleisch vermengen. 1 Dosierlöffel Öl in den Garbehälter mit eingesetztem Rührarm geben und darin das Fleisch für 3 Min. garen. In eine Schüssel umfüllen.

2 Zwiebel und Knoblauch schälen, fein hacken. Paprika und Brokkoli putzen, waschen und in kleine Würfel bzw. Röschen schneiden. Restliches Öl und Gemüse in den Garbehälter geben, 3 Min. garen. Den Reis hinzufügen und 5 Min. garen. Das Fleisch, die übrige Sojasauce, Austernsauce und Pfeffer zugeben und 4 Min. garen.

Für 4 Personen • 10 Min. Zubereitung •
30 Min. Garen •
Pro Portion ca. 555 kcal, 23 g E, 31 g F, 44 g KH

ONE-POT-PASTA

EINFACH

400 g vollreife Tomaten (ersatzweise 1 Dose stückige Tomaten à 400 g) • 1 Zwiebel • 2 Knoblauchzehen • 80 g getrocknete Tomaten (in Öl) • 200 g Chorizo • 250 g Blumenkohl • 200 g Rigatoni • 750 ml Hühnerbrühe • 4 Zweige Basilikum • 50 g Parmesan, gerieben • Salz, Pfeffer

1 Die Tomaten waschen, würfeln und dabei vom Stielansatz befreien. Zwiebel und Knoblauch schälen, fein schneiden. Die getrockneten Tomaten klein würfeln. Die Chorizo in ca. 5 mm dicke Scheiben schneiden. Den Blumenkohl waschen und in kleine Röschen schneiden.

2 Alles mit Rigatoni und Brühe in den Garbehälter mit eingesetztem Rührarm geben. Den Timer auf 30 Min. stellen, Gerät starten. Basilikum waschen, trocken schütteln, die Blättchen in feine Streifen schneiden. Mit Parmesan für die letzten 2 Min. zur Pasta geben. Alles abschmecken.

Für 4 Personen • 10 Min. Zubereitung • 20 Min. Garen • Pro Portion ca. 185 kcal, 3 g E, 18 g F, 5 g KH

ZUCCHINIGEMÜSE

ALS GEMÜSEBEILAGE

600 g gelbe Zucchini • 1 Zwiebel • 2 Knoblauchzehen • 1 Dosierlöffel Olivenöl • Salz, Pfeffer • 70 g Butter

1 Die Zucchini waschen, putzen und in mundgerechte Stücke von ca. 2 × 2 cm schneiden. Zwiebel und Knoblauch schälen, Zwiebel in Spalten schneiden, den Knoblauch fein würfeln. Mit den Zucchini in eine Schüssel geben und mit dem Öl vermischen. Salzen und pfeffern.

2 Die vorbereiteten Zutaten in den Garbehälter mit eingesetztem Rührarm geben, die Butter hinzufügen und den Timer auf 20 Min. stellen. Gerät starten. Ist das Gemüse noch zu fest, die Garzeit einfach um ein paar Minuten verlängern.

Für 4 Personen • 15 Min. Zubereitung • 15 Min. Garen • Pro Portion ca. 150 kcal, 15 g E, 8 g F, 4 g KH

ZWEIERLEI SPARGEL

FRÜHLINGS-REZEPT

500 g grüner Spargel • 500 g weißer Spargel • 1 Dosierlöffel Olivenöl • 100 g luftgetrockneter Schinken • 2 EL Parmesan, gehobelt

1 Beide Spargelsorten schälen, den weißen auf ganzer Länge, den grünen nur im unteren Drittel.

2 Spargel und Olivenöl in den Garbehälter mit eingesetztem Rührarm geben, in 12 Min. bissfest garen. Ist der Spargel noch zu fest, die Garzeit einfach um ein paar Minuten verlängern.

3 Inzwischen den luftgetrockneten Schinken in Stücke schneiden und für weitere 2 Min. mit dem Spargel garen. Spargel und Schinken auf Tellern anrichten und mit dem Parmesan bestreuen.

2 IN 1

37 RUMPSTEAK MIT BRATKARTOFFELN UND KRÄUTERBUTTER

38 CHEESEBURGER MIT GEMÜSEFRITTEN

40 HÄHNCHENKEULEN MIT WEDGES

43 KABELJAU MIT PFANNENGEMÜSE

44 LAMMLACHSE MIT KARTOFFEL-APFEL-GEMÜSE

47 KRAUTFLECKEN MIT SCHWEINEMEDAILLONS

48 RÜHREIER MIT SPECK

49 PUTENRÖLLCHEN MIT STAMPF

Für 4 Personen • 10 Min. Zubereitung • 1 Std. Tiefkühlen (Kräuterbutter) • 50 Min. Garen • Pro Portion ca. 680 kcal, 53 g E, 34 g F, 41 g KH

RUMPSTEAK MIT BRATKARTOFFELN UND KRÄUTERBUTTER

KLASSIKER

FÜR DIE KRÄUTERBUTTER:
100 g Butter
1 Bio-Zitrone (Schale)
1 Knoblauchzehe
3 EL gemischte TK-Kräuter
Salz

FÜR DIE BRATKARTOFFELN:
1,3 kg festkochende Kartoffeln
Salz, Pfeffer
1 Dosierlöffel Öl (z. B. Traubenkernöl)

FÜR DAS FLEISCH:
4 Rumpsteaks (à 200 g)
Salz, Pfeffer

KRÄUTERBUTTER: Die Butter zimmerwarm werden lassen. Die Zitrone heiß abwaschen, die Hälfte der Schale mit einem Zestenreißer abziehen und fein hacken. Die Knoblauchzehe schälen und fein hacken. Kräuter, Zitronenschale und Knoblauch mit einer Gabel gleichmäßig unter die Butter ziehen, dabei auch salzen. Die Butter zu einer Rolle formen. In Butterbrotpapier oder Frischhaltefolie einrollen und im Tiefkühlfach etwa 1 Std. durchkühlen lassen. 30 Min. vor dem Servieren herausholen und nach Wunsch portionieren.

BRATKARTOFFELN: Die Kartoffeln schälen und in Scheiben von ca. 7 mm Stärke schneiden, sorgfältig mit Wasser abspülen und mit Küchenpapier gut trocken tupfen. Dann in den Garbehälter mit eingesetztem Rührarm geben, salzen, pfeffern und mit dem Öl beträufeln. Den Timer auf eine Gesamtzeit von 50 Min. einstellen. Nun auf den Button »2 in 1« drücken und das Symbol für »Fleisch« wählen. Den Timer auf 8 Min. einstellen und das Gerät starten.

RUMPSTEAKS: In der Zwischenzeit die eher hohen als breiten Rumpsteaks auf der Grillplatte platzieren. Sie sollten sich möglichst nicht berühren. Bei Erklingen des Signaltons die Grillplatte einsetzen, den Deckel schließen und die Steaks über die restliche Garzeit von 8 Min. braten. Nach 5 Min. das Fleisch wenden, erst am Ende salzen und pfeffern. Wer das Fleisch rosiger mag, verkürzt die Garzeit um 1 Min.

Für 4 Personen • 15 Min. Zubereitung • 45 Min. Garen • Pro Portion ca. 610 kcal, 44 g E, 31 g F, 38 g KH

CHEESEBURGER MIT GEMÜSEFRITTEN

FÜR KINDER

FÜR DIE FRITTEN:
400 g Knollensellerie
400 g Möhren
1 Dosierlöffel Öl (z. B. Walnussöl)

FÜR DIE BURGER:
2 Knoblauchzehen
Salz, Pfeffer
600 g Rinderhackfleisch
4 Scheiben Chester (ersatzweise Gouda)
1 große, vollreife Tomate
1 kleines Bund Rucola
4 Hamburger-Brötchen
Ketchup

GEMÜSEFRITTEN: Sellerie und Möhren schälen, putzen und waschen. Beides in ca. 1 cm dicke und 6–7 cm lange Stäbchen schneiden. Mit Küchenpapier gründlich trocken tupfen, dann in den Garbehälter mit eingesetztem Rührarm geben und mit dem Öl beträufeln. Den Timer auf eine Gesamtzeit von 45 Min. einstellen. Nun auf den Button »2 in 1« drücken und das Symbol für »Fleisch« wählen. Den Timer hier auf 6 Min. einstellen und das Gerät starten.

BURGER: Knoblauch schälen, fein hacken und mit Salz und Pfeffer unter das Hackfleisch mischen. Aus der Masse vier Kugeln formen und diese zu Burger-Patties flach drücken.

Die Burger-Patties auf die Grillplatte setzen. Bei Erklingen des Signaltons die Grillplatte in das Gerät einsetzen, den Deckel schließen und die Burger über die restliche Garzeit braten. Nach 4 Min. das Fleisch wenden und den Käse auf den Patties verteilen. Nach Bedarf die Garzeit noch kurz verlängern.

Die Tomate waschen, vom Stielansatz befreien und in Scheiben schneiden. Rucola verlesen, waschen und trocken schleudern.

Für die Burger die Brötchen halbieren und toasten. Die untere Hälfte mit Ketchup bestreichen, dann der Reihe nach mit Patty, Tomate, Rucola belegen und mit der zweiten Brötchenhälfte abschließen. Die Burger mit den Fritten servieren. Natürlich schmecken auch normale Pommes frites sehr gut dazu.

GU
CLOU

Auf diese Weise lassen sich vielerlei Gemüsesorten völlig einfach zu Fritten verarbeiten – und das bei nur sehr wenig Fett! Damit werden Gemüsefritten mit einem Mal zu einem erstaunlich positiven Faktor in der modernen Ernährung und sorgen neben der hinlänglich bekannten Kartoffel für willkommene Abwechslung!

Für 4 Personen • 20 Min. Zubereitung • 50 Min. Garen • Pro Portion ca. 860 kcal, 54 g E, 32 g F, 88 g KH

HÄHNCHENKEULEN MIT WEDGES

GÜNSTIG

FÜR DIE WEDGES:
1,3 kg festkochende junge Kartoffeln
1 TL Paprikapulver (edelsüß oder scharf)
1 Dosierlöffel Olivenöl
Salz

FÜR DIE HÄHNCHENKEULEN:
8 Hähnchen-Unterkeulen (800 g)
2 Eier
4 EL Mehl
Salz, Pfeffer
100 g Cornflakes

FÜR DEN DIP:
1 kleines Bund Petersilie
300 g Joghurt (3,5 % Fett)
Salz, Pfeffer
Saft von 1 Zitrone

GUT ZU WISSEN
Das Einstechen der Hähnchen-Unterkeulen bewirkt, dass beim Garen mehr Fett aus dem Fleisch austritt. Das spart zusätzliche Kalorien! Zudem wird die Panade deutlich knuspriger.

KARTOFFELWEDGES: Kartoffeln waschen und in Würfel oder Stücke schneiden. Die Stücke nochmals waschen, um die Stärke auszuspülen. Mit Küchenpapier gründlich abtrocknen und in den Garbehälter mit eingesetztem Rührarm geben. Die Kartoffeln, salzen, mit Paprikapulver bestreuen und das Olivenöl darüber träufeln. Den Deckel schließen und den Timer auf eine Gesamtzeit von 50 Min. einstellen. Auf den Button »2 in 1« drücken, bis das Symbol für »Geflügel« erscheint. Den Timer hier auf 20 Min. einstellen und das Gerät starten.

HÄHNCHENKEULEN: Hähnchenkeulen mit Küchenpapier abreiben, mit einem Schaschlikspieß mehrfach einstechen. Zum Panieren die Eier in einem tiefen Teller verquirlen. Das Mehl auf einem flachen Teller geben, salzen und pfeffern und gleichmäßig verteilen. Die Cornflakes auf einen dritten Teller geben und grob zerstoßen. Die Keulen zunächst durch das gewürzte Mehl, dann durch die Eier und schließlich durch die Cornflakes-Panade ziehen. Panade fest andrücken.

Die Hähnchenkeulen auf die Grillplatte setzen. Bei Erklingen des Signaltons die Grillplatte in das Gerät einsetzen, den Deckel schließen und die Hähnchenkeulen braten. Nach etwa 10 Min. die Keulen einmal wenden.

DIP: Die Kräuter waschen, trocken schütteln, die Blättchen abzupfen und klein schneiden. Mit dem Joghurt verrühren und den Dip mit Salz, Pfeffer und Zitronensaft abschmecken.

Für 4 Personen • 15 Min. Zubereitung • 20 Min. Garen • Pro Portion ca. 520 kcal, 33 g E, 40 g F, 7 g KH

KABELJAU MIT PFANNENGEMÜSE

FÜR GÄSTE

FÜR DAS PFANNENGEMÜSE:

1 rote Paprika
1 orange Paprika
3 Möhren
250 g Blumenkohl
1 Zwiebel
15 Zweige Thymian
Salz, Pfeffer
1 Dosierlöffel Öl

FÜR DEN FISCH:

4 Kabeljaufilets à 150 g
1 Dosierlöffel Öl
Salz

FÜR DIE SAUCE:

80 g Butter
Salz, Pfeffer
8 Blätter Salbei

PFANNENGEMÜSE: Beide Paprika halbieren, weiße Trennwände und Kerne entfernen. Die Hälften waschen und in mundgerechte Stücke schneiden. Die Möhren putzen, schälen und in etwas kleinere Stücke schneiden als die Paprika. Den Blumenkohl waschen, putzen und in Röschen schneiden. Die Zwiebel schälen und nicht zu fein würfeln. Den Thymian waschen, trocken schütteln und die Blättchen abzupfen.

Die vorbereiteten Zutaten in den Garbehälter mit eingesetztem Rührarm geben. Salz, Pfeffer und 1 Dosierlöffel Öl zugeben. Den Timer auf eine Gesamtzeit von 20 Min. stellen. Auf den Button »2 in 1« drücken, bis das Symbol für »Fisch« erscheint. Timer hier auf 5 Min. einstellen und das Gerät starten.

KABELJAUFILETS: Bei Erklingen des Signaltons den Fisch salzen, auf die Grillplatte geben und diese in das Gerät einsetzen. Den Fisch mit 1 Dosierlöffel Öl beträufeln, den Deckel schließen und den Fisch über die restliche Garzeit braten.

SAUCE: Butter in einem kleinen Topf schmelzen, salzen, pfeffern. Den Salbei evtl. etwas zerkleinern und dazugeben.

Für 4 Personen • 25 Min. Zubereitung • 40 Min. Garen • Pro Portion ca. 480 kcal, 35 g E, 23 g F, 33 g KH

LAMMLACHSE MIT KARTOFFEL-APFEL-GEMÜSE

FÜR GÄSTE

FÜR DAS GEMÜSE:
750 g festkochende Kartoffeln
2 Knollen Fenchel
Salz, Pfeffer
1 Dosierlöffel Traubenkernöl
1 TL Currypulver
3 säuerliche Äpfel

FÜR DAS FLEISCH:
4 Lammlachse (à 120 g)
1 EL Garam Masala (Gewürzmischung; aus dem Asialaden)
16 Scheiben geräucherter Speck

AUSSERDEM:
Holzspießchen

TAUSCH-TIPP
Es muss nicht immer die vorgeschlagene Gewürzmischung Garam Masala sein. Sie können die Lammlachse z.B. auch in gehackten Kräutern wenden und in den Speck einwickeln. Öl wird keines benötigt.

GEMÜSE: Die Kartoffeln schälen und in ca. 2 cm große Würfel schneiden. Die Würfel gründlich mit Wasser abspülen und mit Küchenpapier gut trocken tupfen. Den Fenchel waschen, putzen. Knollen halbieren, den Strunk entfernen und das Gemüse in Stücke schneiden, dann beiseitestellen.

Die Kartoffelwürfel in den Garbehälter mit eingesetztem Rührarm geben, salzen, pfeffern und mit 1 Dosierlöffel Öl beträufeln. Den Deckel schließen und den Timer auf eine Gesamtzeit von 40 Min. einstellen. Auf den Button »2 in 1« drücken, bis das Symbol für »Fleisch« erscheint. Den Timer hier auf 5 Min. einstellen und das Gerät starten.

Nach 15 Min. den Fenchel und das Currypulver hinzugeben. Die Äpfel waschen, schälen und vierteln. Die Kerngehäuse entfernen und die Äpfel in nicht zu kleine Stücke schneiden. Nach weiteren 10 Min. zu den Kartoffeln geben.

LAMMLACHSE: Das Fleisch mit einem scharfen Messer von evtl. vorhandenen Sehnen oder Häuten befreien. Die Gewürzmischung auf die Lammlachse streuen und ein wenig andrücken, sodass sie haften bleibt. Das Fleisch nun in den Speck einwickeln, evtl. mit Holzspießchen fixieren.

Bei Erklingen des Signaltons das Fleisch auf die Grillplatte geben und diese in das Gerät einsetzen. Den Deckel schließen und die Lammlachse über die restliche Garzeit braten. Nach 3 Min. das Fleisch einmal wenden.

Für 4 Personen • 20 Min. Zubereitung • 40 Min. Garen • Pro Portion ca. 565 kcal, 46 g E, 37 g F, 12 g KH

KRAUTFLECKEN MIT SCHWEINEMEDAILLONS

WINTER-REZEPT

FÜR DAS KRAUT:
1 kleiner Spitzkohl (ca. 1,3 kg)
1 Zwiebel
2 Knoblauchzehen
1 EL Butterschmalz
1 EL Kümmel
Salz, Pfeffer
edelsüßes Paprikapulver
200 g Sahne

FÜR DAS FLEISCH:
8 Schweinemedaillons (à 80 g)
Salz, Pfeffer
1 Dosierlöffel neutrales Öl
100 g Blauschimmelkäse

KRAUTFLECKEN: Den Spitzkohl waschen, putzen und längs halbieren. Den Strunk entfernen und die einzelnen Blätter in Vierecke oder Rauten von ca. 2,5 cm Kantenlänge schneiden. Die Zwiebel und den Knoblauch schälen und fein hacken.

Das Schmalz in den Garbehälter mit eingesetztem Rührarm geben. Den Timer auf eine Gesamtzeit von 40 Min. einstellen. Auf den Button »2 in 1« drücken, bis das Symbol für »Fleisch« erscheint. Den Timer hier auf 10 Min. einstellen. Gerät starten.

Nach 1 Min. Spitzkohl, Zwiebel und Knoblauch zugeben. Mit Kümmel, Salz, Pfeffer und Paprikapulver würzen. Den Deckel wieder schließen und das Gerät weiterlaufen lassen. Bei Erklingen des Signaltons die Sahne zum Kraut geben.

SCHWEINEMEDAILLONS: Dann auch das Fleisch mit Salz und Pfeffer würzen, mit etwas Öl auf die Grillplatte geben und diese in das Gerät einsetzen. Den Deckel schließen und das Fleisch in der Restgarzeit braten. Nach 6 Min. den Blauschimmelkäse zerbröckeln und auf den Medaillons verteilen.

ANRICHTEN: Am Ende das Sahnekraut nochmals mit den Gewürzen abschmecken. Die Schweinemedaillons mit den Krautflecken anrichten und sofort servieren.

Für 4 Personen • 10 Min. Zubereitung • 10 Min. Garen • Pro Portion ca. 255 kcal, 18 g E, 19 g F, 2 g KH

RÜHREIER MIT SPECK

ZUM FRÜHSTÜCK

4 Frühlingszwiebeln
½ rote Paprika
1 Knoblauchzehe
8 Eier
Salz, Pfeffer
½ EL neutrales Öl
8 Scheiben Frühstücksspeck

1 Frühlingszwiebeln putzen, waschen und bis kurz vor dem dunklen Grün in feine Ringe schneiden. Bei der Paprika Trennwände und Kerne entfernen. Die Hälfte waschen und fein würfeln. Den Knoblauch schälen und ebenfalls fein würfeln. Die Eier in eine Schüssel aufschlagen, salzen, pfeffern und mit einer Gabel gut verquirlen.

2 Das Gemüse in den Garbehälter mit eingesetztem Rührarm geben, mit dem Öl beträufeln und den Deckel schließen. Den Timer auf 10 Min. einstellen. Auf den Button »2 in 1« drücken und den Timer hier auf 4 Min. einstellen. Das Gerät starten. Nach 5 Min. Gesamtlaufzeit die Eier hinzufügen.

3 Bei Erklingen des Signaltons die Grillplatte in das Gerät einsetzen und die Speckscheiben darauf verteilen. Den Deckel schließen und den Speck über die restliche Garzeit von 4 Min.knusprig braten.

Für 4 Personen • 15 Min Zubereitung • 40 Min Garen • Pro Portion: ca. 310 kcal, 31 g E, 17 g F, 8 g KH

PUTENRÖLLCHEN MIT STAMPF

HERZHAFT

1,2 kg Knollensellerie
Salz, Pfeffer
1 ½ Dosierlöffel Öl (z. B. Walnussöl)
4 dünne Putenschnitzel (à 100 g)
100 g Frischkäse
8 Blättchen Salbei
50 g Sahne
50 ml Milch
frisch geriebene Muskatnuss
1 EL Butter
1 kleines Bund Kerbel

1 Sellerie schälen, putzen und in Stücke schneiden. Diese in den Garbehälter mit eingesetztem Rührarm geben, salzen, pfeffern und mit 1 EL Öl beträufeln. Timer auf eine Gesamtzeit von 40 Min. einstellen. Auf den Button »2 in 1« drücken, bis das Symbol für »Fleisch« erscheint. Timer hier auf 7 Min. einstellen. Gerät starten.

2 Putenschnitzel flach auslegen, mit Frischkäse bestreichen. Mit Salz und Pfeffer würzen, mit je 2 Blatt Salbei belegen und aufrollen. Bei Erklingen des Signaltons die Schnitzel mit dem restlichen Öl auf die Grillplatte geben und diese in das Gerät einsetzen. Den Deckel schließen und das Fleisch über die restliche Garzeit braten.

3 Sahne, Milch, Muskat und Butter verrühren und für die letzten 2 Min. zum Sellerie geben. Kerbel waschen, trocken schütteln und klein schneiden. Am Ende den Rührarm aus der Maschine heben, den Kerbel auf den Sellerie streuen und das Gemüse zerstampfen.

SÜSSES

52 GEBACKENE BANANEN
53 APFELSTÜCKCHEN MIT ZIMT
54 KAISERSCHMARREN
57 BLÄTTERTEIGSCHNECKEN
59 BIRNENKUCHEN

Für 4 Personen • 20 Min. Zubereitung • 10 Min. Backen • Pro Portion ca. 345 kcal, 4 g E, 19 g F, 39 g KH

GEBACKENE BANANEN

WINTER-REZEPT

1 Stück Ingwer (3 cm lang)
400 ml Orangensaft
4 reife Bananen
50 g Butter
8 Blatt Filoteig (aus dem Kühlregal)
½ TL Zimtpulver

1 Den Ingwer schälen, sehr fein würfeln, mit dem Orangensaft in einer Pfanne erhitzen. Bananen schälen, im Saft für 10 Min. bei mittlerer Temperatur ziehen lassen, dann herausnehmen. Den Orangensaft bei kleiner Hitze einköcheln lassen. Inzwischen die Butter zerlassen.

2 Ein Teigblatt auf das Arbeitsbrett legen, mit Butter bepinseln und mit etwas Zimt bestreuen. Ein zweites Blatt darauflegen und ebenfalls einpinseln. Eine Banane auf den Filoteig geben und von einer Seite beginnend in den Teig einrollen, dabei die Teigenden nach innen schlagen. Die Rolle mit Butter bestreichen.

3 Mit den übrigen Teigblättern und Bananen ebenso verfahren. Die vier Teigrollen in den Garbehälter legen. Deckel schließen und den Timer auf 10 Min. einstellen, eventuell noch 5 Min. nachgaren. Die Rollen mit der eingekochten Orangensauce servieren.

Für 4 Personen • 10 Min. Zubereitung • 10 Min. Garen • Pro Portion ca. 100 kcal, 1 g E, 3 g F, 17 g KH

APFELSTÜCKCHEN MIT ZIMT

SCHNELL

4 süßsaure Äpfel
1 Dosierlöffel Sonnenblumenöl
40 g getrocknete Aprikosen
1 TL Zucker
½ TL Zimtpulver

1 Die Äpfel schälen und vierteln. Die Kerngehäuse entfernen und die Viertel erneut ein- bis zweimal spalten (je nach Größe der Äpfel).

2 Äpfel in eine Schüssel geben und gut mit dem Öl vermischen, dann in den Garbehälter mit eingesetztem Rührarm füllen. Deckel schließen und den Timer auf 10 Min. einstellen. Das Gerät starten.

3 In der Zwischenzeit die getrockneten Aprikosen in kleine Stückchen schneiden. Nach 8 Min. Garzeit zu den Äpfeln geben und alles so lang weitergaren, bis die Äpfel gerade noch einen leichten Biss haben und nicht komplett weich gekocht sind.

4 Die fertigen Äpfel auf Desserttellern anrichten. Zucker und Zimt mischen und die Äpfel damit bestäuben. Dazu passt Vanilleeis.

Für 2 Personen • 40 Min. Zubereitung • 8 Min. Garen • Pro Portion ca. 510 kcal, 16 g E, 16 g F, 64 g KH

KAISERSCHMARREN

KLASSIKER

FÜR DIE ZWETSCHGEN:

250 g Zwetschgen (ersatzweise TK-Zwetschgen, aufgetaut)
1 Stange Zimt
100 ml süßer Weißwein

FÜR DEN SCHMARREN:

2 EL Rosinen
3 Eier
1 Prise Salz
1 EL Zucker
30 g Maisstärke
40 g Mehl
125 ml Milch
1 EL Zitronensaft
10 g Butter

GUT ZU WISSEN

Als alkoholfreie Variante bietet sich Apfelsaft an. Für noch mehr Geschmack können auch die Rosinen vor Verwendung noch eingeweicht werden, entweder in Saft oder aber in Rum oder süßem Weißwein.

ZWETSCHGEN: Frische Zwetschgen waschen, halbieren und entsteinen. Die Zwetschgen mit einer Stange Zimt und dem Wein in einen kleinen Topf geben und etwa 10 Min. erhitzen, aber nicht wallend aufkochen lassen.

KAISERSCHMARREN: Rosinen heiß waschen und abtropfen lassen. Die Eier trennen. Eiweiße mit einer Prise Salz steif schlagen. Den Zucker mit der Maisstärke, dem Mehl, der Milch, den Eigelben und dem Zitronensaft zu einem glatten Teig verrühren, zum Schluss die Rosinen zugeben. Den Eischnee vorsichtig, aber gründlich unterheben.

Den Boden und die Seiten des Garbehälters mit der Butter einfetten. Die Teigmasse einfüllen, den Deckel schließen und den Timer auf 8 Min. einstellen. Das Gerät starten. Bei Bedarf noch etwas nachgaren – der Schmarren sollte innen gerade durch sein, nicht mehr feucht, aber auch nicht zu trocken.

ANRICHTEN: Den Kaiserschmarren auf eine Platte oder einen großen Teller stürzen, mit zwei Gabeln zerrupfen und portionieren. Auf Wunsch noch mit Zimtpulver bestreuen. Mit den Zwetschgen anrichten und servieren.

Für 8 Stück • 20 Min. Zubereitung • 45 Min. Tiefkühlen • 15 Min. Backen • Pro Stück ca. 360 kcal, 7 g E, 23 g F, 30 g KH

BLÄTTERTEIGSCHNECKEN

FÜR'S BÜFETT

50 g getrocknete Cranberrys
250 g Frischkäse
40 g Zucker
50 g gehackte Mandeln
1 TL Zimtpulver
1 Rolle frischer Blätterteig (275 g; aus dem Kühlregal)
150 g Zartbitter-Kuvertüre (ca. 55 % Kakaoanteil)
30 g Mandelblättchen

1 Bei Bedarf die Cranberrys klein hacken. Den Frischkäse mit Zucker, gehackten Mandeln, Cranberrys und Zimt verrühren.

2 Den Blätterteig mit dem Innenpapier auf der Arbeitsfläche ausbreiten und gleichmäßig mit der Frischkäsemasse bestreichen. Dabei die Ränder frei lassen. Den Teig von der schmalen Seite her aufrollen, für ca. 45 Min. in das Tiefkühlfach geben.

3 Die angefrorene Rolle in ca. 2 cm dicke Scheiben schneiden. Diese mit etwas Abstand zueinander in den Garbehälter legen, den Deckel schließen und den Timer auf 15 Min. einstellen. Das Gerät starten und die Schnecken backen, bis sie schön braun sind. Etwas abkühlen lassen.

4 Die Zartbitter-Kuvertüre in eine Metallschüssel geben und über einem heißen Wasserbad schmelzen. Die Schnecken mit einem Ende kurz eintunken. Den schokoladigen Teil sofort mit Mandelblättchen bestreuen, die Schnecken auf Backpapier absetzen und die Schokoglasur fest werden lassen.

Für 12 Stücke • 15 Min. Zubereitung • 1 Std. Backen • Pro Stück ca. 200 kcal, 3 g E, 13 g F, 18 g KH

BIRNENKUCHEN

GUT VORZUBEREITEN

125 g Butter
2 Eier
1 Vanilleschote
100 g Zucker
120 g Mehl
1 TL Backpulver
4 feste Birnen
1 TL neutrales Öl
50 g gemahlene Haselnusskerne

1 Die Butter schmelzen lassen. Eier in eine Schüssel aufschlagen und schaumig rühren. Die Vanilleschote längs aufschneiden und das Mark mit dem Messerrücken herauskratzen. Zusammen mit dem Zucker und der geschmolzenen Butter zu den Eiern geben und alles schaumig schlagen. Das Mehl sieben und mit dem Backpulver unter die Eiercreme rühren.

2 Die Birnen schälen und vierteln. Die Kerngehäuse entfernen. Die Viertel in mundgerechte Stücke schneiden.

3 Boden und Seiten des Garbehälters mit Öl einfetten. Den Teig hineinfüllen, die Birnenstückchen dazugeben und alles mit den gemahlenen Haselnusskernen bestreuen. Deckel schließen und Timer auf 60 Min. einstellen. Das Gerät starten. Nach der Backzeit eine Stäbchenprobe machen: Um zu testen, ob der Kuchen gar ist, ein Holzstäbchen in den Kuchen stechen. Bleibt Teig daran hängen, den Kuchen noch kurz weiterbacken.

REGISTER

Vegetarische Rezepte, die im Buch mit einem 🍃 gekennzeichnet sind, sind hier grün abgesetzt.

A

Ananas: Hähnchennuggets süßsauer 17
Apfel
  Apfelstückchen mit Zimt 53
  Lammlachse mit Kartoffel-Apfel-Gemüse 44

B

Banane: Gebackene Bananen 52
Birnenkuchen 59
Blätterteig
  Feta-Blätterteig-Taschen 10
  Blätterteigschnecken 57
Blumenkohl
  Kabeljau mit Pfannengemüse 43
  One-Pot-Pasta 32
Bratkartoffeln: Rumpsteak mit Bratkartoffeln und Kräuterbutter 37
Brokkoli
  Gemüse-Kartoffel-Strudel 20
  Reispfanne 32

C

Cheeseburger mit Gemüsefritten 38
Chorizo: One-Pot-Pasta 32

E/F

Eier
  Hackfleisch-Auflauf »Bobotie« 23
  Kaiserschmarren 54
  Kräuter-Frittata 16
  Rühreier mit Speck 48
Erbsen
  Frühlingsrollen 12
  Gemüse-Kartoffel-Strudel 20
Fenchel: Lammlachse mit Kartoffel-Apfel-Gemüse 44
Feta-Blätterteig-Taschen 10
Filoteig: Gebackene Bananen 52
Fisch
  Kabeljau mit Pfannengemüse 43
  Sardinenbällchen 15
Frischkäse
  Blätterteigschnecken 57
  Gemüse-Kartoffel-Strudel 20
  Putenröllchen mit Stampf 49
Frittata: Kräuter-Frittata 16
Frühlingsrollen 12

G

Gebackene Bananen 52
Geflügel
  Hähnchenkeulen mit Wedges 40
  Hähnchennuggets süßsauer 17
  Putenröllchen mit Stampf 49
  Reispfanne 32
Gemüsefritten: Cheeseburger mit Gemüsefritten 38
Gemüse-Kartoffel-Strudel 20
Gyros: Kalbsgyros 27

H

Hackfleisch
  Cheeseburger mit Gemüsefritten 38
  Hackfleisch-Auflauf »Bobotie« 23
  Ragù Bolognese 30
  Wan Tans mit Hackfleisch 13
Hähnchenkeulen mit Wedges 40
Hähnchennuggets süßsauer 17
Hasselback-Kartoffeln 26

K/L

Kabeljau mit Pfannengemüse 43
Kaiserschmarren 54
Kalbfleisch
  Kalbsgyros 27
  Wiener Schnitzel 05
Kartoffeln
  Gemüse-Kartoffel-Strudel 20
  Hähnchenkeulen mit Wedges 40
  Hasselback-Kartoffeln 26
  Kartoffel-Apfel-Gemüse 44
  Lammlachse mit Kartoffel-Apfel-Gemüse 44
  Pommes frites mit Ketchup 08
  Rumpsteak mit Bratkartoffeln und Kräuterbutter 37

Kräuter-Frittata 16
Krautflecken mit Schweine-medaillons 47
Lamm Tikka Masala 31
Lammlachse mit Kartoffel-Apfel-Gemüse 44

M/N

Mini-Pizza Margherita 24
Möhren
  Cheeseburger mit Gemüsefritten 38
  Frühlingsrollen 12
  Kabeljau mit Pfannen-gemüse 43
Nudeln
  One-Pot-Pasta 32
  Ragù Bolognese 30

O/P

One-Pot-Pasta 32
Paprika
  Frühlingsrollen 12
  Kabeljau mit Pfannen-gemüse 43
  Reispfanne 32
  Rühreier mit Speck 48
Parmesan
  Hasselback-Kartoffeln 26
  One-Pot-Pasta 32
  Sardinenbällchen 15
  Tomatenrisotto mit Spargel 29
  Zweierlei Spargel 33
Pasta: One-Pot-Pasta 32
Pfannengemüse: Kabeljau mit Pfannengemüse 43
Pizza: Mini-Pizza Margherita 24
Pommes frites mit Ketchup 08
Putenröllchen mit Stampf 49

R

Ragù Bolognese 30
Reispfanne 32
Risotto: Tomatenrisotto mit Spargel 29
Rühreier mit Speck 48
Rumpsteak mit Bratkartoffeln und Kräuterbutter 37

S

Sardinenbällchen 15
Schafskäse
  Feta-Blätterteig-Taschen 10
Sellerie
  Cheeseburger mit Gemüsefritten 38
  Putenröllchen mit Stampf 49
Spargel
  Zweierlei Spargel 33
  Tomatenrisotto mit Spargel 29
Speck
  Lammlachse mit Kartoffel-Apfel-Gemüse 44
  Ragù Bolognese 30
  Rühreier mit Speck 48
Steak: Rumpsteak mit Brat-kartoffeln und Kräuter-butter 37
Strudel: Gemüse-Kartoffel-Strudel 20

T

Tomaten
  Cheeseburger mit Gemüsefritten 38
  Lamm Tikka Masala 31
  Mini-Pizza Margherita 24
  One-Pot-Pasta 32
  Pommes frites mit Ketchup 08
  Tomatenrisotto mit Spargel 29
Tomatensalsa: Sardinen-bällchen 15

W/Z

Wan Tans mit Hackfleisch 13
Wedges: Hähnchenkeulen mit Wedges 40
Zucchinigemüse 33
  Zweierlei Spargel 33
Zwetschgen: Kaiser-schmarren 54

Abkürzungsverzeichnis:
E = Eiweiß
EL = Esslöffel (gestrichen)
F = Fett
kcal = Kilokalorien
KH = Kohlenhydrate
Msp. = Messerspitze
Pck. = Päckchen
TK = Tiefkühl
TL = Teelöffel (gestrichen)
Ø = Durchmesser

Projektleitung: Sabine Sälzer
Lektorat: Dr. Stefanie Gronau
Korrektorat: Ulrike Wagner
Gesamtgestaltung: independent Medien-Design, München: Horst Moser (Artdirection), Lucie Heselich, Svenja Wamser
Herstellung: Petra Roth
Satz: Kösel, Krugzell
Reproduktion: Ludwig Media, Zell am See
Druck und Bindung: Firmengruppe APPL, aprinta druck, Wemding

Syndication:
www.imageprofessionals.com
Printed in Germany

10. Auflage 2025
ISBN 978-3-8338-6799-6

DER AUTOR

Matthias F. Mangold, Foodjournalist und FEC-Mitglied, betreibt seit Jahren seine erfolgreiche Kochschule »genusstur«, veranstaltet Weinseminare und sitzt in der Jury der ZDF-Kochshow »Stadt, Land, lecker«. Er veröffentlichte bereits zahlreiche Kochbücher, darunter bei GRÄFE UND UNZER »Orientküche« und »Das Prinzip Kochen«. Matthias F. Mangold liebt es, in der Küche zu experimentieren und probiert gerne neue Techniken und Geschmacksrichtungen aus.

DER FOTOGRAF

Klaus Arras, Food-Fotograf in Köln, liegt die natürliche Atmosphäre bei seinen Aufnahmen besonders am Herzen. Für dieses Buch hat er **Katja Briol** (Foodstyling) in sein Team geholt.
www.klausarras.de

BILDNACHWEIS

Klaus Arras: S. 6-59 und Stepfotos auf den Klappen
Silvio Knezevic: S. 1, 5 und Stilleben auf den Klappen
Autorenfoto: privat
Coverfoto: photisserie, Kathrin Koschitzki

Umwelthinweis:
Dieses Buch ist auf PEFC-zertifiziertem Papier aus nachhaltiger Waldwirtschaft gedruckt.

QUALITÄTS GARANTIE

LIEBE LESERINNEN UND LESER,

wir wollen Ihnen mit diesem Buch Informationen und Anregungen geben, um Ihnen das Leben zu erleichtern oder Sie zu inspirieren, Neues auszuprobieren. Wir achten bei der Erstellung unserer Bücher auf Aktualität und stellen höchste Ansprüche an Inhalt und Gestaltung. Alle Anleitungen und Rezepte werden von unseren Autoren, jeweils Experten auf ihren Gebieten, gewissenhaft erstellt und von unseren Redakteur*innen mit größter Sorgfalt ausgewählt und geprüft.

Haben wir Ihre Erwartungen erfüllt? Sind Sie mit diesem Buch und seinen Inhalten zufrieden? Wir freuen uns auf Ihre Rückmeldung. Und wir freuen uns, wenn Sie diesen Titel weiterempfehlen, in Ihrem Freundeskreis oder bei Ihrem Online-Kauf.

Sollten wir Ihre Erwartungen so gar nicht erfüllt haben, tauschen wir Ihnen Ihr Buch jederzeit gegen ein gleichwertiges zum gleichen oder ähnlichen Thema um.

KONTAKT ZUM LESERSERVICE

GRÄFE UND UNZER VERLAG
Grillparzerstraße 8
81675 München
www.gu.de

APPETIT AUF MEHR?

ISBN 978-3-8338-6627-2

ISBN 978-3-8338-6625-8

ISBN 978-3-8338-6623-4

ISBN 978-3-8338-6630-2

ISBN 978-3-8338-6629-6

Alle hier vorgestellten Bücher sind auch als eBook erhältlich.

G|U

Mehr von GU auf **www.gu.de** und **facebook.com/gu.verlag**

DIE »GU KOCHEN PLUS«-APP

1 APP HERUNTERLADEN

Laden Sie die kostenlose »GU Kochen Plus«-App im Apple App Store oder im Google Play Store auf Ihr Smartphone. Starten Sie die App und wählen Sie Ihren Küchenratgeber aus.

2 REZEPTBILD SCANNEN

Scannen Sie das gewünschte Rezeptbild mit der Kamera Ihres Smartphones. Klicken Sie im Display die Funktion Ihrer Wahl.

3 FUNKTIONEN NUTZEN

Sammeln Sie Ihre Lieblingsrezepte. Speichern und verschicken Sie Ihre Einkaufslisten. Oder nutzen Sie den praktischen Supermarkt-Finder und den Rezept-Planer.